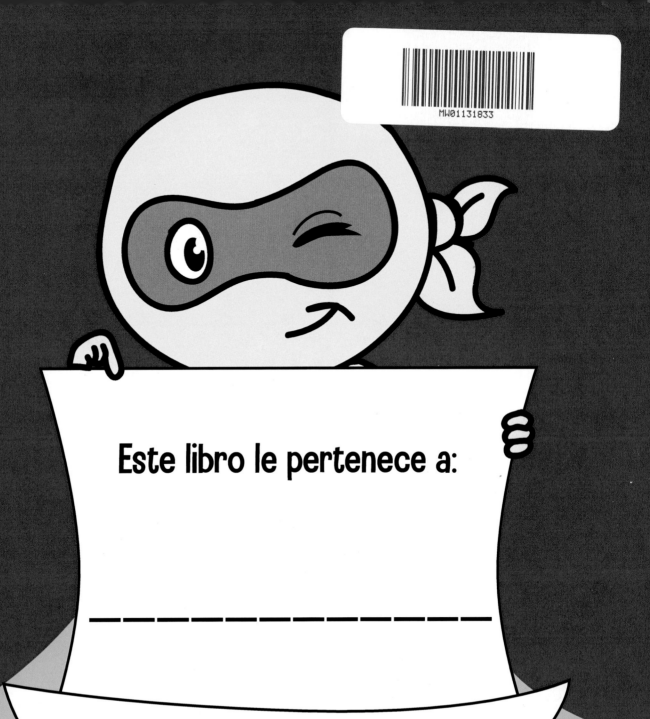

Este libro le pertenece a:

_ _ _ _ _ _ _ _ _ _ _ _ _ _ _

Este libro está dedicado a los padres, educadores y consejeros del mundo entero. Tenemos el trabajo más importante en el mundo para nutrir a la próxima generación.

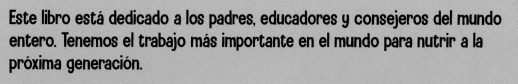

La Ninja Emocionalmente Inteligente

Por Mary Nhin

Utilizo mi inteligencia emocional para ayudarme a encontrar una manera hacia el éxito en lo que estoy haciendo.

éxito

La inteligencia emocional es la capacidad de ser inteligente acerca de las emociones. La inteligencia emocional a menudo se llama EQ.

Soy capaz de nombrar, aceptar, gestionar y expresar mis emociones en lugar de permitir que me controlen. Por ejemplo, si me frustra mi tarea, yo diría...

No siempre he sido emocionalmente inteligente.

Antes, realmente podía frustrarme no solo con mis emociones, sino también con las emociones de otras personas.

Cuando me impacientaba con mi hermano, le gritaba órdenes.

Durante la escuela, si no invitaban a alguien a una fiesta, podría ser bastante insensible...

Cuando tenía problemas para leer algunas palabras difíciles, me frustraba y me rendía.

Según el destino, cambié cuando La Ninja Zen me presentó un ejercicio que cambiaría mi vida para siempre.

N.A.M.E. el juego de emociones.

N A M E

- **Nombra** tus emociones
- **Acepta** tus emociones
- **Maneja** tus emociones
- **Expresa** tus emociones

N A

MEDIDOR DE HUMOR

Cuando alguien está enojado

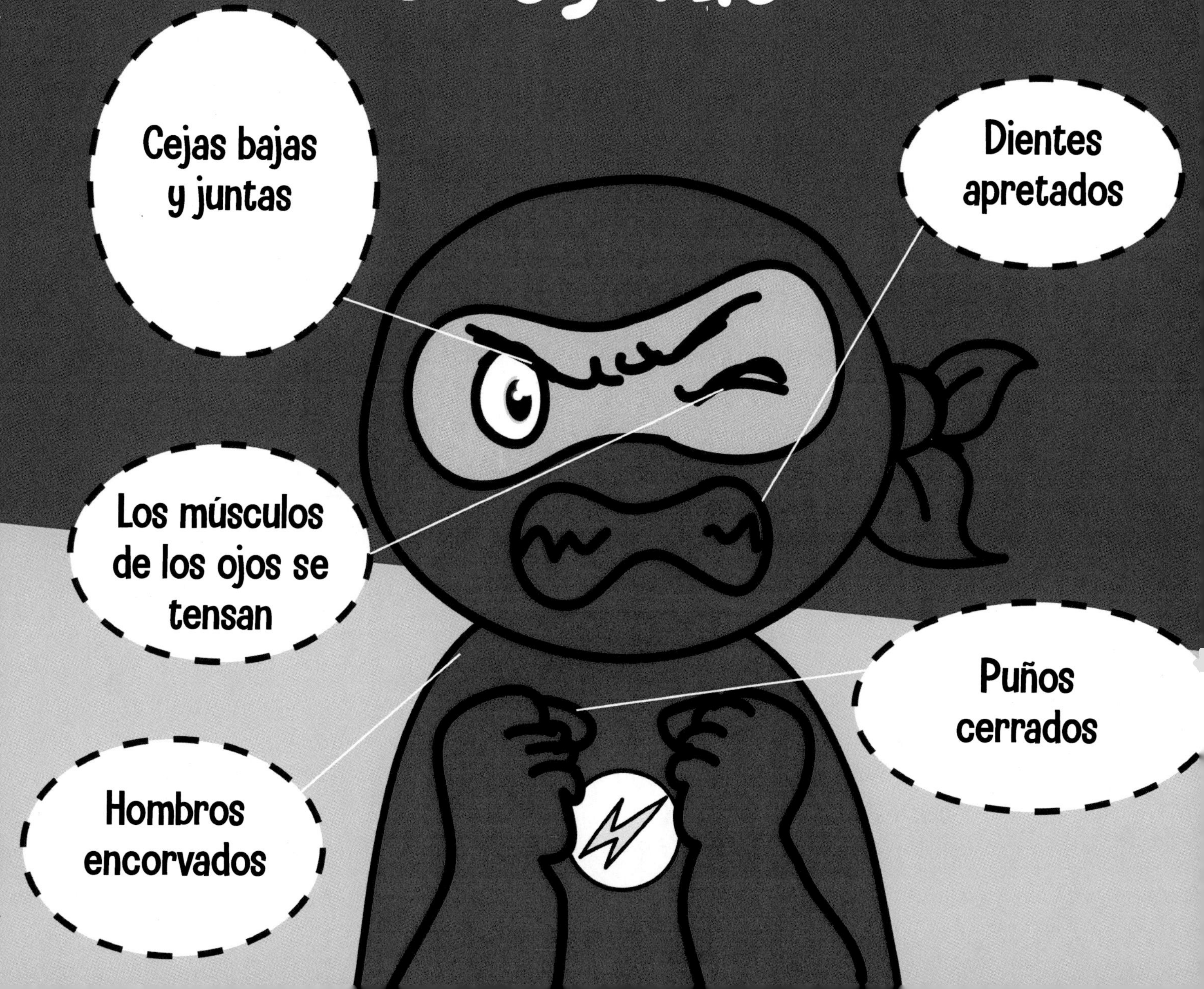

Luego, **acepta** tu emoción.

Entonces, maneja tus emociones.

Por último, expresa tu emoción.

Cuando me siento triste, puedo tocar música o crear arte. Cuando me siento positiva. Puedo hacerle un cumplido a alguien.

Usar el juego de la Emoción N. A. M. E. podría ser tu arma secreta para volverte emocionalmente inteligente.

¡Visita ninjalifehacks.tv para obtener imprimibles divertidos gratis!

@marynhin   @officialninjalifehacks
#NinjaLifeHacks

Mary Nhin   Ninja Life Hacks

Ninja Life Hacks

@officialninjalifehacks

Made in the USA
Las Vegas, NV
16 April 2024

88757530R00024